AF383819

CATALOGUE

DE

DESSINS ANCIENS

DE TOUTES LES ÉCOLES

DONT LA VENTE AUX ENCHÈRES PUBLIQUES AURA LIEU

HOTEL DES COMMISSAIRES-PRISEURS, RUE DROUOT, N° 9

SALLE N° 5

Les Vendredi 10 et Samedi 11 Mars 1882

A UNE HEURE PRÉCISE

Par le ministère de **Me MAURICE DELESTRE**, Commissaire-Priseur,
27, rue Drouot, 27.

Assisté de **M. CLEMENT**, Marchand d'Estampes de la Bibliothèque Nationale,
rue des Saints-Pères, 3.

EXPOSITION PUBLIQUE

LE JEUDI 9 MARS 1882

DE DEUX HEURES A QUATRE HEURES

—

PARIS. — 1882

CONDITIONS DE LA VENTE

Elle sera faite au comptant.

Les adjudicataires payeront *cinq pour cent* en sus des enchères.

Les attributions de l'amateur ont été conservées.

ORDRE DES VACATIONS

Vendredi 10 Mars. — Numéros......... 1 à 257

Samedi 11 — — Numéros......... 258 à la fin.

Paris. — Imprimerie Pillet et Dumoulin, 5, rue des Grands-Augustins.

DÉSIGNATION

DESSINS

AKEN (Jean van)

1 — Paysage d'une vaste étendue.

A la plume et encre de Chine.

2 — Vue des bords du Rhin.

A la plume et lavis de sépia et encre de Chine.

AMICONI

3 — Portraits d'actrices du xviiiᵉ siècle.

Trois dessins au crayon noir et mine de plomb.

ANONYMES

4 — Entrée d'une ferme.

Gouache.

5 — Le portrait de M. Fagon, premier médecin de Louis XIV, dessiné dans le temps qu'il traversait la grande Galerie de Versailles.

A la plume et lavis d'encre de Chine.

6 — Ornementation pour un Palais.

Au lavis d'encre de Chine et sépia.

7 — Le grand Frédéric, entouré de son état-major, commandant une bataille.

Dessin in-fol. en largeur, au lavis d'encre de Chine.

ANONYMES

8 — Bombardier de Rochefort en 1731, — Un Marchand de mort-aux-rats.

Deux dessins à l'aquarelle et crayon noir.

9 — Paysages avec chaumières. Deux dessins faisant pendant.

Aquarelles.

10 — Paysage avec monument antique.

Aquarelle.

11 — Costumes allemands, homme et femme.

Deux dessins à l'aquarelle.

12 — Études de femmes nues.

Cinq dessins au crayon noir.

13 — Portrait de Charles-Maurice Le Tellier, archevêque de Reims, — et un autre portrait d'abbé.

Deux dessins au crayon noir.

14 — Portrait d'un général, vu à mi-corps.

Beau dessin au crayon noir.

15 — Caricature.

A droite, des personnages grotesques, armés de lances, se disposent à se battre contre des squelettes armés de faulx. A gauche, un canon, des tambours. Un berceau est suspendu à un arbre, dedans se trouve un enfant qui paraît être le roi de Rome. A côté du berceau, un général avec des cornes (Napoléon 1er ?). — Curieuse caricature qui semble être dirigée contre Napoléon Ier.

16 — Attaque et incendie d'une ville.

Curieux dessin à la sépia, avec quantité de personnages.

17 — Projet de mausolée pour une femme de la famille royale. Au milieu une couronne, avec un écusson portant les trois fleurs de lis.

Joli dessin lavé d'aquarelle.

18 — Grande composition religieuse pour plafond. En bas se trouve l'échelle pour la mesure.

Dessin rehaussé d'aquarelle.

19 — Des Amours, adossés à une colonne, jouent du chalumeau. De leurs pieds partent des cornes d'abondance d'où s'échappent divers dessins qui forment l'entourage.

Jolie composition de l'époque Louis XVI.

ANONYMES

20 — Dessin pour boudoir avec sujets graveleux.
Jolie gouache.

21 — Vue du Champ de Mars le jour de la fête de la Fédération.
Superbe aquarelle de l'époque, avec quantité de personnages.

22 — Femme assise sur un nuage. Jolie composition pour plafond.

23 — Amours s'amusant à dessiner. Composition pour dessus de porte.

24 — Deux dessins pour plafond.

25 — Quatre dessins sur deux feuilles, pour panneaux décoratifs.

26 — Joli dessin du xviiie siècle, avec costumes 1792.

27 — Motif pour plafond. Manière du lavis.

28 — Repas de corps entre officiers. Chaque tête est un portrait.

29 — Le Corps Législatif et ses environs.
Jolie aquarelle.

30 — Croquis divers sur une seule feuille.

31 — Sujet pour plafond.
Manière noire du xviiie siècle.

32 — Allégorie.
Dessin ancien de la plus grande beauté, dans son cadre en bois sculpté.

33 — Paysage avec un Cavalier qui demande sa route.
Gouache.

34 — Scène pastorale.
Gouache sur éventail.

35 — Une revue en 1793.
Beau dessin d'une exécution remarquable.

36 — La Moisson.
Sépia rehaussé de blanc.

37 — Sujets mythologiques sur parchemin.
Deux dessins à la sanguine.

ANONYMES

38 — Dessin représentant une Jeune femme.
Sanguine.

39 — Compositions pour fontaines. Deux dessins.

40 — Deux sucriers. Dessins pour l'orfèvrerie.

41 — Tête de Jeune femme.
Au crayon rouge.

42 — La Mare aux bestiaux.
Jolie aquarelle anglaise.

43 — Femme endormie.
Sanguine.

44 — Trois dessins pour le Triomphe et le Sacre de Napoléon Ier.
Ont été gravés.

45 — Portraits de Bramantès.
Sur parchemin.

46 — Des Amours apportent un bouclier au dieu de la Guerre.
Belle composition à la sanguine.

BABEL

47 — Dessins de décoration pour les Palais du duc de Riché-
lieu et du comte de la Reynie.
Quatre dessins à la plume et lavis d'encre de Chine.

48 — Décoration d'un côté de salon, avec porte, fenêtre et
cheminées.
Beau dessins à la plume et lavis d'eucre de Chine.

49 — Porte et fenêtre.
Deux dessins à la plume et lavis d'encre de Chine.

BARBIERS (P.)

50 — Paysage.
Au crayon noir et encre de Chine.

BAROCHE (F.)

51 — Buste de femme. Étude pour un de ses tableaux.
Beau dessin aux trois crayons.

BAUDOUIN (H.)

52 — Un homme et une femme à mi-corps.

Sanguine.

BELLANGÉ (H.)

53 — La Visite du curé de campagne.

Aquarelle.

54 — Études et Croquis divers.

38 dessins au bistre et aquarelle.

BENDER (H.)

55 — La Poésie et l'Éloquence. Fleuron.

A la sanguine. Signé.

BENOUVILLE, PICOT ET DEBAY

56 — Le Meurtre de Lucrèce, — Sujets romains.

Trois dessins au crayon noir, au bistre et encre de Chine.

BERAIN (J.)

57 — Deux Cavaliers en grands costumes à panaches, pour un Carrousel.

Aquarelles.

58 — Costumes de théâtre.

Deux dessins à la plume et lavis d'aquarelle.

59 — Composition pour panneau décoratif.

BERGHEM (N.)

60 — Le Maréchal ferrant.

Croquis au crayon noir.

BÉRIGOURT

61 — Des enfants et des badauds regardent et écoutent un homme qui joue du violon et une femme qui dit la bonne aventure.

Jolie aquarelle.

62 — Un Intérieur de salon.

Aquarelle.

BERNARD (Th.)

63 — Portraits de *Henri IV* et de *Sully*, rendus à main levée par Bernard, du Bureau académique d'écriture, l'an 1787.

> Deux dessins in-fol. de formes ovales, à la plume et lavis d'encre de Chine. Ils sont accompagnés des gravures.

64 — Portrait de M. Necker, directeur général des finances, représenté en buste dans une bordure ovale.

> A la plume et lavis d'encre de Chine. Est accompagné de la gravure.

65 — Portrait de Voltaire, représenté en buste dans une bordure ornementée.

> A la plume et lavis d'encre de Chine.

66 — Portraits en bustes et Portraits équestres.

> Cinq dessins à la plume.

67 — Fleuron ornementé surmonté d'une couronne.

> A la plume.

BOICHOT

68 — Ornementation pour dessus de porte.

> A la plume et lavis d'encre de Chine.

BOILLY (Jules)

69 — Cinq portraits aux trois crayons seront vendus sous ce numéro.

BONINGTON (R.-P.)

70 — Jeunes enfants dans des broussailles.

> Charmant dessin à la plume et lavis de sépia. Signé et daté de 1825.

71 — Vues des bords de la mer.

> Deux dessins à la sépia, rehaussés de blanc.

72 — Vue de Rouen.

> Aquarelle.

73 — Une rue à Londres. Au fond, on voit la lueur rougeâtre d'un incendie.

> Superbe aquarelle.

BOSSE (A.)

74 — Les Sens. Suite de cinq charmants portraits de forme
ronde.

A la plume et mine de plomb, sur vélin.

BOTH (J.)

75 — Le Pont de pierre.

Beau dessin à la plume et lavis d'encre de Chine : a été gravé par le
maître. Collection Galichon.

BOUCHER (F.)

76 — Études d'Amours pour un plafond.

Aux crayons noir et blanc.

77 — Jeune femme debout, vue de dos.

Aux trois crayons.

78 — Jeune fille en pleurs, assise sur un banc.

Au crayon noir, rehaussé de blanc.

79 — Minerve couronnant la Peinture. Allégorie.

Au crayon noir.

80 — Femme nue debout. Au bas, un Amour.

81 — Pastorale. Une jeune bergère se tient appuyée contre
les genoux d'un berger.

Joli dessin avec un encadrement rocaille.

82 — Jeune femme assise, les seins découverts, tête vue de
trois quarts.

Superbe dessin aux trois crayons.

83 — Jeune fille assise prenant son thé.

Superbe dessin aux trois crayons. Cachet de collection.

BOURGUIGNON

84 — Grand combat de cavalerie.

Superbe dessin à la sépia.

BOUTILLIER, DUFOURMANTELLE ET FOREST

85 — Personnages grotesques.

Huit dessins à l'aquarelle.

BOYS (C.)

86 — Vue de Paris.

Aquarelle, signée et datée de 1833.

BRAMA (Léonard)

87 — Une femme à genoux tend à une femme assise deux cou-
ronnes. Cette dernière en prend une et la lui place sur la
tête. Composition tirée de la mythologie.

Dessin au lavis rehaussé de blanc.

BUONAROTTI (Michel-Ange)

88 — Etude d'un des Prophètes de la chapelle Sixtine.

Beau dessin à la pierre d'Italie, rehaussé de blanc. Collections
sir J. Reynolds, lord Spencer, T. Lawrence et Norblin.

CALLOT (J.)

89 — Croquis de huit personnages sur une même feuille.

A la plume.

90 — Costume d'homme noble. A été gravé par le maître dans
la suite de la Noblesse.

A la plume.

91 — Entrée d'un régiment.

A la plume, sur vélin.

CAMBON

92 — Un Cavalier arabe.

A la plume.

CARMONTEL (L. C. de)

93 — Jeune femme sortant de son appartement.

Au crayon noir, rehaussé de blanc.

94 — Un homme assis sur un tabouret, la canne à la main.

A été gravé.

CARRACHE

95 — Les Trois Grâces.

A la plume et lavis de bistre.

CAVOSE (J.)

96 — Vue du théâtre de l'Odéon.

Aquarelle.

CHARDIN (S.)

97 — Têtes de Jeune garçon et de Jeune fille.

Trois dessins à la plume et lavis d'encre de Chine et de bistre.

CHARLET

98 — Napoléon Ier, en pied, vu de dos.

Superbe dessin au lavis, signé en toutes lettres.

CHATELET

99 — Vue de Rochers, au milieu desquels serpente une rivière sur les bords de laquelle se trouvent des personnages.

Jolie aquarelle.

CLEMENS

100 — Portrait de Mme la marquise de Villette, représentée en buste dans un médaillon posé sur un cartouche où sont inscrits des vers.

Au crayon noir, signé et daté de 1777.

CLERMONT

101 — Un chiffonnier portant sa hotte. Dans le fond à droite la Samaritaine. Curieux dessin sur Paris, à la manière du lavis.

COLBERT, MARQUIS DE CROISSY.

102 — Chasse au Sanglier.

A la plume et encre de Chine.

CONSTABLE

103 — Le Retour du Marché. Beau paysage en largeur.

Aquarelle.

COURRIGER (ANTOINÉ)

104 — Cinq dessins à la sanguine sur une même feuille, dont quatre médaillons et un bas-relief. Scènes de l'antiquité.

COURT

105 — Tête de femme, posée sur un oreiller.

Aux trois crayons.

COURTOIS (J.), dit LE BOURGUIGNON

106 — Sujet de Bataille.

A la plume et lavis de sépia.

CUYP (A.)

107 — Vue de Dortrecht.

Aquarelle.

DEBUCOURT (P.-L.)

108 — Le Départ pour l'école.

A la plume et lavis d'encre de Chine.

DEBUCOURT ?

109 — Le Menuet. — La Promenade.

Deux dessins au bistre et aquarelle.

DECAMPS

110 — Cinq croquis sur une même feuille.

A la plume.

DELACROIX (EUGENE)

111 — Etude de Lion.

Au crayon noir et sanguine.

DELAFOSSE

112 — Frises d'ornements.

Trois dessins à la plume et lavis d'encre de Chine.

DELAROCHE (PAUL)

113 — Etudes de différents personnages pour son tableau : L'Assassinat du duc de Guise.

Quatre dessins à la mine de plomb et sanguine.

DELARUE

114 — Les quatre Saisons. En-tête pour almanach.

Charmants dessins au lavis. Ont été gravés.

DEMARNE

115 — Aquarelle avec personnages.

DEMARTEAU

116 — Jeune fille en buste, regardant le ciel.
Aux trois crayons.

DEMETZ (P.-F.)

117 — Maisons au bord d'une rivière.
Aquarelle et encre de Chine. Signé.

DESCHAMPS

118 — Cadre de glace, avec paysage au milieu.
Au crayon noir et lavis de bistre.

DESFRICHES (A.-T.)

118 bis — Vues des bords de la Loire. Suite de quatre beaux dessins en largeur.
Au crayon noir et encre de Chine; deux sont signés et datés de 1762.

119 — Plusieurs personnages se promènent dans un parc et autour d'une fontaine.
Charmant dessin au crayon d'Italie.

120 — Vue d'ensemble du pont des Arts et du Pont-Neuf.
Jolie gouache.

DESRAIS (C.-L.)

121 — Napoléon Ier et l'impératrice Joséphine, représentés debout, en grands costumes de cour. In-8.
Deux dessins à la plume et lavis de bistre.

122 — Les deux mêmes personnages, représentés assis sur le trône. In-8.
Deux dessins à la plume et lavis de bistre.

123 — Napoléon Ier, représenté à cheval. In-8
A la plume et lavis de bistre.

124 — L'Europe, l'Asie, l'Afrique et l'Amérique. Quatre compositions en formes de frises, sur une même feuille avec bordure ornementée.
A la plume et lavis d'encre de Chine, rehaussé de blanc.

DIAMANTINI, A. GABBIANI

125 — Mars endormi. — Diogène et Alexandre. — Saint Martin.

Trois dessins à la plume et lavis de bistre et d'encre de Chine.

DIEN (C.-M.)

126 — Mercure et les Grâces, d'après Raphael.

Beau dessin au fusain, ayant servi pour la gravure.

DIEPENBEECK

126 *bis* — Composition pour la Jérusalem délivrée.

A la plume et lavis d'encre de Chine, rehaussé de blanc.

DIETRICH (C.-W.)

127 — Nymphes au bain.

A la plume et encre de Chine, rehaussé de blanc. Signé.

128 — Tête d'enfant.

A la sanguine. Signé du monogramme du maître.

DIVERS

129 — Divers portraits, sujets, paysages, études de chevaux, etc., par de Noé, H. O'neill, etc.

Vingt-trois dessins aux divers crayons et encre de Chine.

130 — Portraits et paysages par Fragonard, Van Dyck, Lantara, etc.

Sept dessins aux divers crayons et encre de Chine.

131 — Trois dessins. Projets de monuments, l'un pour la place du Châtelet, l'autre pour un cadran à l'École militaire.

132 — Dessins d'ornementation, anciens et modernes.

Vingt-deux pièces.

133 — Études pour costumes militaires, anciens et modernes.

Treize dessins au crayon noir et aquarelle.

134 — Études et croquis pour costumes, anciens et modernes.

Douze dessins au crayon noir, à la plume et sanguine.

DIVERS.

135 — Armoiries et blasons.

Quatre dessins à l'aquarelle et lavis d'encre.

136 — Paysages et fleurs, par Everdingen, Boucher et Lebarbier.

Neuf dessins.

137 — Études de paysans normands et italiens.

Douze dessins à la plume et aquarelle.

138 — Costumes de théâtre et scènes de la Comédie Italienne.

Treize dessins à la plume, crayon noir et aquarelle.

139 — Le Mariage de sainte Catherine. — Le Massacre des Innocents. — L'Ange de l'Annonciation, etc.

Huit dessins à la plume et lavis d'encre de Chine.

140 — Costumes.

Quatre dessins.

141 — Portraits d'hommes des xviii° et xix° siècles.

Vingt et un dessins aux divers crayons.

142 — Portraits de femmes.

Treize dessins aux divers crayons.

143 — Sous ce numéro, il sera vendu un fort lot de dessins de différentes écoles.

DOMINIQUIN (D. Zampieri, dit le)

144 — Saint Jérôme en prière.

A la sépia, rehaussée de blanc.

DORÉ (Gustave)

145 — Croquis à l'encre de chine. — Tête de juge et autres.

DROUAIS

146 — Portrait d'un enfant de France.

Pastel.

DUFOUR

147 — Dessins d'architecture et d'ornements.

Cinq dessins à l'aquarelle et encre de Chine.

DUJARDIN (K.)

148 — Étude d'homme assis.

Au crayon noir, rehaussé de blanc.

DUMOUSTIER (N.)

149 — Portrait de femme, que l'on croit être la duchesse de Ventadour.

Très beau dessin aux trois crayons.

150 — Portrait d'un Cardinal, peut-être le cardinal de Sourdis.

Superbe dessin aux trois crayons.

151 — Portrait de la princesse Marie de Gonzague, depuis reine de Pologne, 1620.

Aux trois crayons.

152 — Portrait de Oxenstiern, chancelier de Suède, en 1635.

Aux trois crayons.

153 — Portrait de Monseigneur l'évêque d'Albi, de la maison de Ludé.

Aux trois crayons.

154 — Portrait du comte de Béthune, ambassadeur extraordinaire à Rome.

Aux trois crayons.

155 — Portrait de Ulric, reine de Danemark, princesse d'O-lestin.

Aux trois crayons.

156 — Portrait d'une jeune femme en buste.

Aux trois crayons.

157 — Portrait d'homme et tête de Christ.

Deux dessins aux trois crayons.

158 — Portrait de femme en buste, avec un collier de perles.

Aux trois crayons.

DURAN (Carolus)

159 — Portrait d'homme en buste, vue de face. In-fol.

Beau dessin au fusain, signé : *Carolus Duran*, 1860.

DURER (ALBERT)

160 — Portrait d'un homme, en buste, vu de profil, tourné à gauche.

Beau dessin à la pierre noire. En haut, le monogramme du maître et la date de 1525. Collection Samuel Rogers.

ESCHARD (C.)

161 — Mendiants dans la campagne de Rome. Composition de trois figures.

Au crayon noir, rehaussé de blanc.

ECOLE DE SIENNE (xve siècle)

162 — Un Saint debout regardant le ciel. En bas, études pour les pieds du même saint.

A la plume et lavis de bistre, rehaussé de blanc.

ÉCOLE ITALIENNE (xve siècle)

163 — Recueil de dessins d'architecture, ornements et figures.
Onze dessins à la plume et bistre.

164 — Un Religieux donnant sa bénédiction.
Au lavis de bistre, rehaussé de blanc.

165 — La Nativité.
A la plume et sépia.

ÉCOLE ITALIENNE (xvie siècle)

166 — Vue intérieure de la célèbre pharmacie de la Minerva à Rome.
A la plume et lavis de sépia.

ÉCOLE FLAMANDE PRIMITIVE

167 — La Vierge assise, lisant.
A la plume.

ÉCOLE D'ANVERS (xviie siècle)

168 — Chiens couchés. Cinq études sur une même feuille.
A la plume.

ÉCOLE ITALIENNE

169 — Une femme debout, drapée et marchant.
A la plume.

ÉCOLE ITALIENNE

170 — Étude d'une tête de femme.

Aux trois crayons.

171 — Vénus et l'Amour — un prophète, — statues, etc.

Cinq dessins à la plume et lavis de sépia et d'encre de Chine.

172 — Un homme à la promenade, — une femme tenant un seau et un balai.

Deux dessins caricatures à la plume.

173 — Un Évêque bénissant des guerriers à la porte d'une église.

Beau dessin à la plume et lavis de bistre, rehaussé de blanc.

174 — La sainte Cène — un Saint debout.

Deux dessins à la plume et lavis de bistre.

175 — Cartouches et mascarons.

A la plume.

ÉCOLE ALLEMANDE

176 — Femme debout en costume du XVIᵉ siècle, se rendant à l'église.

Aquarelle.

ÉCOLE FRANÇAISE (XVIIᵉ siècle)

177 — La prise d'Arras. — Prise de Maestricht. — Siège de Burich. — Prise de Rheinbergue. — Siège de Gray en Franche-Comté. Suite de cinq compositions, animées d'un grand nombre de figures militaires.

A la gouache, sur vélin, encadrées.

178 — Le Triomphe de la noblesse et du clergé.

Aquarelle.

ÉCOLE FRANÇAISE (XVIIIᵉ siècle)

179 — Portrait de Marie-Antoinette, n'étant encore que dauphine, représentée en buste dans une bordure ovale. En bas, les armoiries.

Beau dessin aux trois crayons et lavis d'aquarelle.

ÉCOLE FRANÇAISE (XVIIIᵉ siècle)

180 — Les Oies de frère Philippe, pour les contes de La Fontaine.

Beau dessin à la plume et lavis d'encre de Chine.

181 — Un bal à l'Opéra, au XVIIIᵉ siècle.

Beau dessin très capital et curieux pour les costumes. A la plume et lavis d'encre de Chine.

182 — Le Menuet.

Beau dessin à la plume et lavis d'encre de Chine.

183 — Un Souper galant.

Beau dessin à la plume et lavis de bistre, rehaussé de blanc.

184 — Trois jeunes femmes dans un parc, dont une boit dans une coupe que lui présente un amour.

A la plume et lavis de bistre.

185 — Portrait d'homme à mi-corps.

Au crayon noir et mine de plomb, la figure rehaussée d'aquarelle.

186 — Grand Conseil tenu en 1740.

Beau dessin à la plume et lavis d'encre de Chine.

187 — Portrait de femme en buste.

Au lavis d'encre de Chine et aquarelle.

188 — Jeune femme debout.

Au crayon noir et pastel.

189 — La grande Entrée du château de Versailles.

A la plume et lavis d'encre de Chine.

190 — Tête de femme.

Aux crayons noir et blanc.

191 — L'Évanouissement. Composition de deux figures.

Gouache.

192 — Promenade à cheval.

A la sanguine.

193 — Étude pour une adoration des bergers.

A la plume et lavis de bistre.

ÉCOLE FRANÇAISE DU XVIIIe SIÈCLE

194 — Un Savant dans son cabinet.

Au crayon noir rehaussé de blanc.

195 — Encadrement de glace, richement ornementé.

Beau dessin à la plume et lavis d'encre de Chine.

196 — Décoration de la Galerie d'un palais.

A la plume et lavis de sépia.

197 — Décoration intérieure d'un salon avec personnages.

A la plume et lavis d'aquarelle et encre de Chine.

198 — Dessins de décoration et d'ameublement.

Six dessins à la plume et sanguine.

199 — Dessins pour fontaines, lampes, vases, etc.

Deux dessins à la plume et lavis d'encre de Chine.

200 — Dessins d'architecture, pour décoration d'un plafond.

A la plume.

201 — Mascarons.

Cinq dessins au crayon noir.

202 — Dessins pour l'ornementation intérieure et extérieure de la maison de M. de Moras.

Cinq dessins à l'aquarelle.

203 — Sujets allégoriques, — Un Concert, — Fleuron et sujet pour illustration, paysage, etc.

Sept dessins.

204 — Académie, — Un Jeune homme debout.

Six dessins à la sanguine et crayon noir.

205 — Études et croquis.

Sept dessins à la sanguine.

206. — Le Menuet, — La Chasse au sanglier, — Le Marché aux chiens. — L'Annonciation.

Quatre dessins à la plume et au lavis d'encre de Chine.

207 — Études de mains et de bras.

Quarante-huit dessins aux crayons noir et blanc.

208

ÉCOLE FRANÇAISE DU XVIIIᵉ SIÈCLE

208 — Étude de femme et costume en pied.

Quatorze dessins aux divers crayons.

209 — Études d'enfants, de têtes, de pieds, jambes, figures entières et draperies.

Vingt-six dessins aux divers crayons.

210 — Études et croquis.

Dix dessins aux divers crayons.

211 — Études de pieds, de mains, de têtes et figures entières.

Vingt-cinq dessins aux divers crayons.

ÉCOLE MODERNE

212 — Jeune femme en costume travesti appuyée contre une colonne et fumant.

Aquarelle signée au bas, à gauche : *Gribouillard*.

EISEN (Cʜ.)

213 — Vénus désarmant l'amour.

A la plume et lavis d'encre de Chine, signé et daté de 1777.

214 — Cul-de-lampe.

EVERDINGEN

215 — Entrée d'un port.

A la plume et lavis d'encre de Chine.

FISCHER

216 — Allégories avec les portraits des empereurs Rudolphe II et Maximilien Iᵉʳ.

Deux dessins au crayon noir, signés.

FLAMEN (Aʟʙᴇʀᴛ)

217 — Paysage, vers la gauche un homme assis, dessinant.

Beau dessin à la plume et lavis d'encre de Chine, signé.

FOLKEMA (Jᴀᴄᴏʙ)

218 — Deux dessins in-8 pour frontispices d'un livre sur la médecine.

A la plume et lavis de sépia : en-tête gravés par l'artiste.

FRAGONARD (H.)

219 — Jeune femme vue de dos.

Au lavis de sépia.

220 — Amours et colombes, composition pour un plafond.

A la sanguine.

221 — Figures allégoriques. Deux dessins pour décoration d'un plafond.

Au crayon noir.

222 — Un Vieillard et une jeune fille regardant un enfant endormi dans son berceau.

Au lavis de bistre, rehaussé de blanc.

223 — Psyché et l'amour.

Croquis au crayon noir.

224 — Une Jeune femme, sur la pointe des pieds, les bras en l'air, fait semblant de s'enfuir.

Beau dessin à la sanguine. Le même sujet est représenté dans la Fuite à dessin.

225 — Le Coup de vent.

Dessin à la sanguine.

226 — Une femme vue de dos.

A la sanguine.

227 — Trois femmes nues.

Beau dessin aux trois crayons.

228 — Vue d'ensemble d'un paysage. Une femme montée sur un âne traverse un pont, tandis qu'une autre, portant un enfant sur le dos vient demander l'aumône à un homme assis sur un tronc d'arbre.

Jolie aquarelle.

229 — Paysage avec personnages.

A la sanguine.

FRAGONARD (A)

230 — Le concert, composition de six figures en costume du XVIe siècle dans un intérieur.

Au lavis de sépia et d'encre de Chine

FRÈRE (Ed.)

231 — Trois jeunes filles assises et cousant.

A la plume, signé et daté de 1868.

FREUDEBERG

232 — Dans un salon un jeune homme apprend à une femme la manière de former les lettres. Une autre femme debout examine les premiers essais.

Superbe dessin à la sépia.

GARNERAY (Au.)

233 — Modèle de pendule exécutée par Biennais, 1814, en haut les portraits de l'impératrice Joséphine, du prince Eugène et de la reine Hortense.

Aquarelle.

GAVARNI

234 — Une femme debout, vue de trois quarts.

Joli dessin a la plume.

GEILMANN

235 — Paysage traversé par une rivière.

A la plume et lavis d'encre de Chine. Signé et daté de 1760.

GÉRICAULT

236 — Vieux cheval, — Vieux cheval mort, — Cheval mort, — Cheval tué sur le champ de bataille, — Cheval tombé.

Suite de cinq beaux dessins à la plume et lavis d'encre de Chine.

237 — Études de chevaux, sur une même feuille.

A la plume.

GILLOT

238 — Suite de cinq dessins pour les fables. Tous ont été gravés.

GIRARDET

238 *bis* — Trois charmantes têtes de femme.

A la sanguine.

GIRODET

239 — Un soldat arabe.

Au crayon noir, rehaussé de blanc.

GOLTZIUS (H.)

240 — L'Annonciation, — Les anges sonnant les trompettes, pour le jugement dernier.

Deux dessins à la plume et lavis de bistre.

241 — La Charité.

Au lavis d'encre de Chine.

GONORD

242 — Gravure servant d'entourage à un portrait de femme.

A la gouache.

GOYA (F.)

243 — Un danseur espagnol.

A la sanguine.

GRANDVILLE

244 — Dessin à la plume pour illustration.

GRAVELOT (H.)

245 — Promenade dans un parc.

A la plume et lavis d'encre de Chine.

246 — Le Duel. Dessin in-4 pour illustration d'un livre du XVIIIe siècle.

A la plume et lavis d'encre de Chine.

247 — Deux dessins in-8, pour illustration d'un livre.

A la plume et lavis d'encre de Chine.

248 — Dans un appartement deux femmes se tiennent par les mains, l'une dit à l'autre :

Si de vous, je suis chérie,
Daignez remplir mes souhaits,
Rassurez votre Sophie.

Charmant dessin à la sépia pour illustrations.

GREUZE (J.-B.)

249 — Étude de la figure de la femme du tableau de Greuze, le Testament déchiré.

Beau dessin à la sanguine.

GREUZE (J.-B.)

250 — Etude de tête d'homme pour le fils puni.

A la sanguine.

251 — Étude d'une tête de jeune fille.

A la sanguine. Collection Laperlier.

252 — Un Dessinateur, — Un Musicien.

Deux dessins au crayon noir.

253 — Une tête de vieillard, au verso : fait par Greuze pour Mme Hauré, son élève, devenue peintre à la cour de Louis XVI.

Beau dessin aux trois crayons.

GROS (A.-L.)

254 — L'Évanouissement d'Esther.

Au crayon noir, rehaussé de blanc.

255 — Deux Grenadiers de la garde impériale.

Aux trois crayons.

GRUYTER (G.)

256 — Jeune mère amusant son enfant avec un arlequin.

Aquarelle.

GUERIN (J.)

257 — Portrait d'un Conventionnel.

Beau dessin au fusain, rehaussé de blanc, signé et daté de 1792.

HEMSKERK

258 — Le Gâteau des rois.

A la plume.

HEUSCH (GUILLAUME DE)

259 — Paysage.

A la plume et lavis d'encre de Chine. Collection Camberlin.

HEYDEN (J. VAN DER)

260 — Vue de Wersterkerk à Amsterdam.

Aquarelle. Signé.

HORATIANA, 1842

261 — Une Pivoine.

Aquarelle.

HUET (J.-B.)

262 — Le Fermier et sa famille avec leur troupeau.

A la plume et lavis d'encre de Chine et sépia.

263 — Jeune femme jouant de la mandoline,

Aux trois crayons.

264 — Des Moutons couchés.

A la sanguine.

265 — Une Chèvre et un mulet sur une même feuille.

Joli dessin au crayon noir.

266 — Pastorale.

Signé et daté 1786.

HYACINTHE (DU PALAIS ROYAL)

267 — Curieux dessin représentant un équilibriste qui porte sur le nez un tabouret sur lequel est un chat.

INGRES

268 — Jésus remettant les clefs du Paradis à saint Pierre.

Au crayon noir, signé.

269 — Françoise de Rimini.

Croquis au crayon noir, avec écriture du maître en bas.

ISABEY

270 — Figures grotesques.

Trois dessins au crayon noir.

JOHANNOT (ALFRED)

271 — Scène des femmes savantes.

Signé et daté 1832.

JOHANNOT (TONY)

272 — La Promenade en bateau, — La Promenade en voiture.

Deux desins au lavis de bistre, rehaussés de blanc.

JORDAENS (J.)

273 — Bacchanale.

Au crayon noir et aquarelle. Collection Denon.

JULIEN DE PARME

274 — Les Muses et les Grâces pleurent la mort de Raphaël.

A la plume et lavis de bistre, rehaussé de blanc.

KAUFFMANN (ANGÉLICA)

275 — Marc-Antoine quittant Cléopâtre.

A la plume et lavis de bistre, rehaussé de blanc.

KOBELL (J.)

276 — Une Vache qui pâture.

Au lavis d'encre de Chine, signé.

277 — Paysage d'une vaste étendue.

A la plume et lavis d'encre de Chine et sépia.

LAER (P. DE)

278 — Vue de Ponte-Molle à Rome.

A la plume et sépia.

LAFITTE

279 — A la plus belle, Au plus grand. Allégorie sur le mariage de l'empereur avec Marie-Louise.

Au lavis d'encre de Chine et de bistre.

LAGNEAU

280 — Portrait d'un magistrat de l'époque Louis XIII.

Beau dessin aux trois crayons.

LAGRENÉE

281 — La Chaste Suzanne délivrée et les vieillards condamnés par Daniel.

Superbe dessin signé en toutes lettres et exposé à la première société des amis des Arts, sous le n° 4.

LAMI (EUG.)

282 — Calèche en grandes et petites livrées.

Quatre dessins à la plume et lavis de bistre et encre de Chine.

LAMI (EUG.)

283 — Intérieur d'un jardin public.

Jolie sépia.

LANCRET (NICOLAS)

284 — Les Remois, pour les contes de La Fontaine.

Étude aux trois crayons.

LANCRET ET WATTEAU

285 — Paysage et études.

Six dessins à la sanguine et crayon noir.

LANGENDICK

286 — La Ferme du Mont Saint-Jean.

Aquarelle.

287 — Des paysans font traverser un fleuve à des bestiaux, signé et daté 1784.

Joli dessin à la manière noire.

288 — Paysans qui conduisent des troupeaux de bœufs, signé 1784.

A la manière noire.

LARGILLIÈRE (N. DE)

289 — Jeune femme et jeune fille.

Deux portraits aux crayons noir et blanc.

290 — Portrait d'homme.

Aux crayons noir et blanc, sur papier bleu.

291 — Études pour portraits.

Trois dessins au crayon noir et sanguine.

LEBARBIER

292 — Sujet de l'histoire romaine.

A la plume et lavis d'encre de Chine, daté de 1780.

293 — Sujets pour illustrations de livres.

Six dessins au crayon noir et encre de Chine.

294 — Études et croquis divers.

Douze dessins au crayon noir, à la plume et lavis d'encre de Chine.

LEBARBIER ET **HUET**

295 — Un enfant endormi, — Têtes de moutons et de bœuf.

Deux dessins au crayon noir.

LE BEL

296 — Un Saint en extase soutenu par deux anges.

A la plume et lavis d'encre de Chine.

LECLERC (Sébastien)

297 — Petit paysage avec personnages divers, cavaliers piétons et gardeurs de vaches.

Jolie aquarelle.

LECLERC DES GOBELINS

298 — Pastorale.

Jolie gouache reproduite en tapisserie.

LEPICIÉ

299 — Le Peintre, — Le Lecteur.

Deux dessins au crayon noir et sanguine.

300 — Jeune garçon à genoux sur une chaise.

Au crayon noir, rehaussé de blanc.

301 — Tête d'enfant.

Au crayon noir, rehaussé de blanc.

302 — Portraits et études.

Quatre dessins au crayon noir et sanguine.

LE PRINCE (J.-B.)

303 — Portrait en pied de l'impératrice Catherine II.

Au crayon noir et mine de plomb.

304 — Le Temps enlevant la Vérité. Dessin de forme ronde.

Au crayon noir, rehaussé de blanc, sur papier bleu.

305 — Les Vendanges.

A la plume et lavis d'encre de Chine.

306 — Jeune bergère revenant des champs.

A la plume.

LE PRINCE (J.-B.)

307 — Jeune italienne, représentée en buste.

A la sanguine.

308 — Scène entre maraudeurs.

Jolie sépia.

LEROY (Sébastien)

309 — Vénus et Vulcain, — Un Concert, — Saint Roch. Trois dessins d'après Rubens et Giorgion.

Au crayon noir et lavis d'encre de chine.

LEYDEN (L. van)

310 — Jésus chez Marthe et Marie.

Beau dessin capital à la plume et lavis d'encre de Chine.

311 — Joseph expliquant les songes. Croquis pour la composition, gravée par le maître.

A la plume.

LEYDE (d'après L. de)

312 — Portrait de l'empereur Maximilien.

Au crayon noir.

LIEVENS (J.)

313 — Portrait d'homme, la main posée sur la poitrine.

Au crayon noir, signé des initiales du maître.

LOMBARD (L), dit Suavius

314 — Quarante-huit sujets du Nouveau Testament, représentés sur deux feuilles.

Deux dessins à la plume et lavis de sépia.

LORRAIN (Claude)

315 — Bouquet d'arbres.

A la plume et bistre.

LOUTHERBOURG

316 — La Visite à l'hermite, composition de trois figures au milieu d'un paysage.

Au lavis de bistre et d'encre de Chine.

LOUTHERBOURG

317 — Paysan poussant un taureau.

Beau dessin à la sépia avec la gravure avant la lettre.

MAITRE (J.-L.) 1647

318 — La Vierge à la porte, d'après Albert Dürer.

A la plume.

MAITRE FLAMAND, vers 1500

319 — Intérieur d'un temple, avec personnages.

A la plume.

MARC-ANTONIO RAIMONDI

320 — Mercure à cheval sur un bouc.

A la plume et sépia.

321 — Chasse au sanglier, composition en forme de bas-relief, — Statue d'Hercule et deux autres figures.

Deux beaux dessins à la plume et lavis de bistre.

MARCKL

322 — Suite de sept jolis dessins pour illustration.

MARILLIER

323 — Décoration de cheminée, en haut est représentée Minerve couronnant les arts.

A la plume et lavis d'encre de Chine.

DE MARNE

324 — Paysage représentant une rivière bordée d'arbres.

Jolie aquarelle.

MARTINET

325 — Quatre dessins in-18, pour une histoire de Louis XVIII.

A la sépia, signés.

MEUNIER

326 — Monuments en ruines.

Trois dessins à l'aquarelle.

MICHEL

327 — Vue d'une maison sur le bord de l'eau.
Jolie aquarel'e.

MICHEL ET L. THIENON

328 — L'Entrée du faubourg Saint-Martin, — Carrières à l'est de Montmartre.
Deux dessins à la plume, lavis de bistre et crayon noir.

MIGNARD

329 — Portrait du marquis de Beringhen, — Portrait de Turenne.
Deux dessins au lavis d'encre de Chine, rehaussés de blanc et crayon noir.

MINIATURES

330 — Costumes de femmes du XVIII⁰ siècle.
Cinq miniatures sur vélin.

331 — Sainte famille, — David apercevant Bethsabée, — Gaston d'Orléans, sous la figure de saint Jean, etc.
Neuf miniatures sur vélin.

332 — Ornement en hauteur.
Miniature sur vélin.

MIRIS ET RAVEINSTEYN

333 — Jeune femme peintre, tenant sa palette et ses pinceaux, — Portrait de femme assise.
Deux dessins à la mine de plomb, sur vélin.

MOITTE (E.)

334 — Un champ de bataille.
Au crayon noir, signé et daté de 1772.

MONNET

335 — L'Alliance de la France et de la Savoie. Allégorie.
Au lavis de bistre, rehaussé de blanc.

336 — Mars et Vénus.
A la plume et lavis d'encre de Chine.

337 — Mars et Vénus.
Au crayon noir, rehaussé de blanc.

MONNIER (H.)

338 -- Une promenade publique, composition d'un grand
nombre de figures.

> Aquarelle.

MOREAU (J.-M.)

339 — Sujet romain.

> Beau dessin à la plume et lavis d'encre de Chine.

MOREAU (Louis)

340 — Un clair de lune avec statues dans un parc.

> Gouache.

341 — Le Moulin de Charenton.

> Grande et jolie gouache.

342 — Sous un bouquet d'arbres, près. d'une rivière, deux
femmes et un homme se disposent à partir après avoir fait
une ample moisson de fleurs.

> Jolie gouache.

MORLAND

343 — La Gardeuse de cochons.

> Superbe dessin lavé d'aquarelle.

MOUCHERON (J.)

344 — Paysage, avec figures.

> A la plume et lavis d'encre de chine.

345 — Des personnages se promènent autour d'un bassin qui
fait face à une jolie maison d'habitation.

> Magnifique gouache, rehaussée d'or. Signée en toutes lettres et datée
> 1713.

346 — Promenade sur l'eau.

> Gouache, rehaussée d'or, signé et daté.

MULREADY, GAINSBOROUGH ET CALLCOTT

347 — The Market Cross Sain-Albans, — Les Bords d'une
rivière, — Paysage, dans le fond un château. Trois dessins.

> A la mine de plomb, crayon noir et encre de chine.

3

NICOLLE

348 — La Porte Saint-Denis.

Charmant dessin à la sépia.

349 — Vue du Val-de-Grâce et de la rue y aboutissant.

Charmant dessin aux trois crayons.

350 — Vue de monuments à Rome, avec petits personnages qui se promènent dans une rue.

Jolie aquarelle encadrée.

351 — Vue d'une pyramide avec monuments dans le lointain.

Jolie aquarelle encadrée.

352 — Paysage avec personnage.

Belle gouache.

352 *bis*. — Costumes religieux et autres.

Trois croquis à la plume.

NOEL (LE PÈRE)

353 — Bal de l'Opéra, en 1775.

Esquisse à l'huile sur papier.

NORBLIN

354 — L'Adoration des Mages.

A la plume et lavis de bistre et encre de Chine.

355 — La Résurrection de Lazare.

Au lavis de bistre et encre de Chine.

356 — Jésus présenté au peuple.

Beau dessin au lavis, rehaussé de blanc. Au verso on lit cette remarque : *parce que c'est le meilleur dessin que j'ai fait selon ma façon de penser.*

357 — Jésus descendu de la croix.

A la plume et lavis d'encre de Chine et sépia.

358 — Suzanne surprise par les vieillards.

Peint en grisaille sur papier.

359 — Suzanne accusée vis-à-vis les anciens du peuple.

Dessin capital au lavis et grisaille, rehaussé de blanc.

360

NORBLIN

360 — Sujet biblique, avec costumes polonais.

A la plume et lavis d'encre de Chine.

361 — La mort du chien savant. Composition de neuf figures,

Aquarelle, au verso une étude pour le même composition, au lavis d'encre de Chine.

362 — Un peintre dans son atelier, reçoit la visite d'un prince.

A la plume et lavis d'encre de Chine.

363 — Un Philosophe dans son cabinet.

Beau dessin à la plume et lavis d'encre de Chine.

364 — Un soldat couché dans un cachot, tenant un poignard de la main droite.

Au lavis de bistre, rehaussé de blanc.

365 — Soldats en costumes du xvᵉ siècle, faisant halte dans la campagne.

Deux dessins faisant pendant. A la plume et lavis de sépia, rehaussés de blanc. Signés.

366 — Halte de soldats dans une campagne. Deux compositions différentes faisant pendant.

A la plume et lavis d'encre de Chine, signés et datés de 1774.

367 — Soldats en costumes du xyᵉ siècle dans le goût de S. Rosa.

Quatre dessins au lavis de bistre et de sanguine, rehaussés de blanc.

368 — Sur une table, un souper est servi. Un homme et une femme se disposent à y faire honneur, lorsqu'un indiscret ouvre la porte et vient les déranger.

Joli dessin à la sépia.

369 — Intérieur d'un cabaret. — Un homme renverse une femme sur une table pendant qu'un musicien joue du violon.

Curieuse esquisse, rehaussée de sépia.

370 — Mascarade au marché St-Germain.

Dessin à plusieurs couleurs.

371 — La vendeuse de fruits. Coin du marché St-Germain.

Curieux dessin à la manière noire.

ORNEMENTS

372 — Cinq dessins pour plafonds et appartements.

OSTADE (ISAAC)

373 — La cour d'une ferme hollandaise.
A. Au lavis d'encre de Chine, rehaussé de blanc.

OSTADE (A. VAN)

374 — Les Harangueurs. Première pensée pour la composition gravée à l'eau-forte par le maître.
A la plume et lavis d'encre de Chine.

375 — Un fumeur. Un homme assis. Deux dessins faisant
pendant.
A la plume et lavis d'encre de Chine.

OUDRY (J. B.)

376 — Un chien de chasse.
Aux trois crayons.

377 — Entrée d'un bois.
Aux crayons noir et blanc, sur papier bleu.

378 — Des oiseaux aquatiques se baignent dans une rivière.
Superbe dessin au bistre avec un entourage rocaille.

PANNIER

379 — Deux portraits différents de Velasquez.
Au fusain, faits pour la gravure.

PANINI

380 — Ruines d'un temple avec statues et personnages.
Deux gouaches sur la même feuille, faisant pendants.

PARISEAU

381 — Vue d'un parc richement ornementé.
A la plume et lavis de bistre.

PARMESAN (F. Mazzuoli. dit le)

382 — Trois études pour un saint Paul. Au verso des griffon-
nages de lettre.

>A la plume. Collection de Fries, Th. Lawrence, Mariette, Nils-Bark,
Thibaudeau et Galichon.

383 — Etudes et croquis.

>Cinq dessins à la plume et sanguine.

384 — Saint Jean, étude.

>A la plume.

385 — Trois apôtres debout, à leurs pieds un homme assis.

>A la plume et bistre.

386 — Décoration pour dessus de porte.

>A la sanguine. Collection Peter Lely et Welesley.

PARROCEL

387 — Guerriers en marche.

>Au crayon noir.

388 — Jeune garçon portant la main à son chapeau. — Jeune
fille relevant sa robe.

>Deux dessins aux crayons noir et blanc.

PENNI (J.-F.), dit le Fattore

389 — Sujet mythologique.

>Beau dessin à la plume, lavé de sanguine et rehaussé de blanc.

390 — Fragment de l'Olympe. Composition de sept figures.

>A-la plume, rehaussé de blanc.

391 — Vue d'Italie.

>Au lavis d'encre de Chine et aquarelle, daté de 1779.

PICART (B.)

392 — Portrait de femme en buste dans un médaillon, soutenu par la Renommée ; en bas, figures allégoriques.

>Au lavis d'encre de Chine, rehaussé de blanc.

393 — Trophée d'attributs divers.

>A la plume.

PICARD (B.)

394 — Homme nu, vue de dos.

Superbe sanguine, signée et datée Mars 1732.

PIOMBO (Sebastien del)

395 — Le Christ descendu de la croix, soutenu par des anges.

Au crayon noir. Collection Lagoy, Demsdale et Lawrence.

PLONSKI

396 — Le bon Samaritain, d'après Rembrandt. — Samuel au Temple, d'après Vanden Eckout. Deux dessins faisant pendant.

Aquarelles.

397 — L'Adoration des Mages, d'après Koning.

Aquarelle.

POCHOU (H.)

398 — Etudes pour costumes et compositions diverses.

Quatre dessins au lavis d'encre de Chine et d'aquarelle.

399 — Cinq figures grotesques sur une même feuille.

Aquarelle.

PRIMATICE

400 — Prédication de saint Paul. Grande composition divisée en cinq compartiments séparés par des meneaux, ce qui indique qu'elle était destinée à une verrerie.

Superbe dessin à la plume, lavé de bistre. Collection Mariette.

PRINS (J.)

401 — Une femme assise dans un intérieur, lisant une lettre.

A la plume et lavis d'encre de Chine et d'aquarelle.

PRUD'HON (P.-P.)

402 — Le Triomphe de Vénus.

Aux crayons noir et blanc, sur papier bleu.

403 — Femme assise.

PRUD'HON (P.-P.)

404 — Le jour aveuglant, pénétrant dans l'atelier d'un grâveur.

Charmant dessin au lavis. Cette esquisse du maître a été reproduite en peinture.

405 — Une prêtresse, assise devant le feu sacré, étendant les bras, fait une invocation à Junon, tandis qu'un ange, tenant une rose à la main, s'envole dans les airs.

Beau dessin allégorique.

PUJOS (A.)

406 — Portraits de Bossuet et de Fénelon. Deux dessins in-4 faisant pendant.

Au crayon noir et encre de Chine.

QUEVERDO

407 — Cinq dessins in-18, pour un roman du XVIIIe siècle.

A la plume et lavis d'encre de Chine.

RAFFET

408 — Zouaves et soldats turcs.

Deux dessins au crayon noir et mine de plomb, signés, avec dédicace à M. Bourdin.

409 — Défilé de cavaliers russes.

Aquarelle.

REGNAULT (N.-F.)

410 — Le Soir. Composition de trois figures ; a été gravée par l'artiste.

Au crayon noir, rehaussé de blanc.

REMBRANDT

411 — Tobie et l'ange.

A la plume et lavis de sépia.

412 — Jésus remettant les clefs du paradis à saint-Pierre.

Beau dessin à la plume et lavis d'encre de Chine.

413 — Le Portement de croix.

Beau dessin à la plume et lavis de sépia.

414 — Un rendez-vous de chasse.
Beau dessin à la plume et lavis d'encre de Chine et sépia.

415 — Portraits de femmes.
Cinq dessins aux crayons noir et blanc, un est à la sanguine.

416 — Portraits d'hommes.
Deux dessins aux crayons noir et blanc.

ROBERT (HUBERT)

417 — Ruines romaines, avec personnages sur le devant.
A la sanguine.

418 — Buste de femme dans un médaillon, soutenu par le dieu
Mars et une muse.
Au lavis d'encre de Chine et de sanguine.

419 — Entrée d'un parc.
A la sanguine.

420 — Villa Bolognesia.
A la sanguine.

421 — L'artiste dans son atelier.
Aquarelle.

422 — Vue d'ensemble représentant à gauche les restes d'un
temple avec statue ; au milieu une fontaine et tombeau.
Superbe aquarelle.

423 — Vue des ruines d'un temple à côté d'une pyramide ;
à côté, des femmes conduisaut un troupeau de moutons.
Remarquable aquarelle de toute beauté.

424 — Vue des ruines d'un temple près d'un bouquet de bois ;
en face, une statue avec hommes et femmes qui la regardent.
Joli dessin au crayon rouge, rehaussé d'aquarelle.

425 — Vue de l'intérieur d'une ruine avec personnages.
Jolie aquarelle, signée et datée 1752.

426 — Vue d'ensemble de ruines avec pyramide et statue ;
le nom d'H. Robert est signé dans la pyramide.
Jolie aquarelle.

ROBERT (Hubert)

427 — Vue de monuments sur le côté droit, avec personnages.

Superbe aquarelle.

428 — L'intérieur d'un temple.

Aquarelle.

429 — Italiennes venant chercher de l'eau à une fontaine.

Aquarelle.

430 — Vue d'un pont.

A la sanguine.

431 — Vue d'un pont.

Sanguine.

432 — Vue du Havre-de-Grâce, dans l'intérieur de la citadelle.

Sanguine.

433 — Monuments en ruines avec statues et personnages.

Belle aquarelle.

434 — La fontaine du Triton.

Magnifique sanguine.

435 — Ruines et entrée d'un souterrain.

Sanguine.

436 — Intérieur d'un temple avec personnages.

Charmante aquarelle. Signée.

437 — Etude de roches et d'arbres avec personnages.

Sanguine.

438 — Vue d'un portique ; à droite, la fontaine du Triton.

Sanguine.

439 — Vue d'ensemble de maisons et d'un château en ruines.

Sanguine.

ROBIN

440 — Projets pour la salle de spectacle de Strasbourg.

Vingt-huit dessins.

DE LA ROCHENOIRE (J.)

441 — Vaches au pâturage.

A la plume. Signé.

ROËTTIERS

442 — Composition pour le tombeau de son père.

Sanguine.

ROPS (F.)

443 — Une femme debout, vue de dos, en chemise, avec corset et bonnet sur la tête.

Au crayon noir et encre de Chine. Signé.

ROTTENHAMER

444 — Mars et Vénus assis dans un paysage, servis par des amours.

A la plume et lavis de sépia.

ROUSSEAU (Th.)

445 — Paysage avec ruines, après un incendie.

Au crayon noir et mine de plomb.

ROWLANDSON

446 — La gardeuse de porcs.

Beau dessin de ce maître.

447 — First stage from Dover (premier relai de Douvres).

Beau dessin au lavis d'encre de Chine et aquarelle.

RUBENS (P.-P.)

448 — Une tête d'ange et études de pieds, sur une même feuille, d'après Polydore de Caravage.

Aux trois crayons. Collection Norblin.

449 — La Présentation au Temple.

Aux crayons noir et blanc. sur papier bleu.

RUYSDAEL (J.)

450 — Paysage de Hollande.

Au crayon noir.

SAFTLEVEN (H.)

451 — Les quatre Saisons. Suite de quatre beaux paysages en largeur.

A la plume et lavis d'aquarelle, signées du monogramme de l'artiste et datés de 1677.

SAFTLEVEN (H.)

452 — Vues des bords du Rhin.

Quatre dessins à la plume et lavis d'aquarelle.

SAINT-AUBIN (G. DE)

453 — Sujet allégorique de l'histoire ancienne.

A la plume et encre de Chine.

454 — Sujet de bataille.

Au crayon noir.

455 — Trois voitures sur une même feuille.

Jolis dessins à la sépia de l'époque Louis XVI.

456 — Une femme debout, un masque sur la figure, cherche à faire peur à un chat assis sur les genoux d'une autre femme.

Curieux dessin à la sépia et au bistre. Derrière se trouve le cachet d'une collection.

457 — Esquisses différentes sur une seule feuille.

458 — Cours d'anatomie avec une main.

Le tout dessiné à la sanguine.]

SAINT-AUBIN (AUG. DE)

459 — Tête de jeune homme endormi.

Superbe dessin aux crayons rouge et noir.

460 — Une femme nue, étendue avec des amours.

Aux trois crayons.

461 — Domestique tenant un plat.

Jolie sanguine.

462 — Caricature sur les modes.

463 — La Ferté Alais.

Jolie sanguine.

SAINT-AUBIN (AUG. DE)?

464 — L'hiver.

Au lavis d'encre de Chine.

SANZIO (Raphael.), École de

465 — Le Songe de Jacob.

A la plume et sépia.

466 — Rachel et Laban.

Gouache.

SARAZIN (A.)

467 — Composition mythologique. Signée et datée 1788.

Gravée.

SCHELLINKS

468 — La porte d'une ferme.

Au lavis d'encre de Chine.

SCHIDONE (B.)

469 — Saint Jérôme.

A la sanguine.

SIGALON

470 — Le jour et la nuit, représentés par un amour sur un char.

Jolie sépia, signée en toutes lettres.

SILVESTRE (Israel)

471 — Vue de la campagne de Rome.

A la plume et lavis de bistre.

472 — Le Montot, près Nancy.

A la plume.

SŒRVEID

473 — Trois chevaux, attelés à une charrette chargée de foin.

Aquarelle.

SPRANGER

474 — Un Roi assis sur son trône, entouré des seigneurs de sa cour.

A la plume et lavis de sépia, daté de 1575.

STELLA

475 — Le Jeu du volant.

A la plume.

SWEBACH

476 — Chef de brigade des Dragons — Chef de brigade des
Hussards.

Deux dessins au crayon noir et mine de plomb.

477 — Costumes militaires bavarois.

Cinq dessins à l'aquarelle.

THIAN

478 — Projet d'un Théâtre pour le palais des Tuileries, avec
figures sur le devant.

Au lavis d'encre de Chine et aquarelle.

THORNHILL (Sir James)

479 — Croquis pour une des décorations de la chapelle d'Hamp-
ton Court.

A la plume et lavis de bistre.

TIÉPOLO (D.)

480 — Un Satyre et un Centaure — Hercule enlevant une
nymphe — Paons dans un chemin creux.

Trois beaux dessins à la plume et lavis d'encre de Chine, signés.

TIERCE

481 — Le serment d'un jeune guerrier.

A la plume et lavis de bistre.

TORO

482 — Montant d'ornement; au milieu, est représenté Hercule
couronné par une muse.

A la plume et lavis d'encre de Chine et de bistre.

TRAVIÈS

483 — Deux Bohèmes par un temps de neige.

484 — Deux gamins de Paris qui se disputent.

TRINQUESSE

485 — Jeune femme portant un panier.

Joli dessin à la sanguine.

VAGA (PERINO DEL)

486 — Un sacrifice.

Beau dessin au lavis de bistre, rehaussé de blanc, un peu fatigué vers la gauche.

VANLOO (CARLE)

487 — Un homme nu à cheval.

Au crayon noir.

VELDE (W. VAN)

488 — Marine par un temps calme.

Superbe dessin à la plume et lavis d'encre de Chine et bistre. En haut une inscription en hollandais.

489 — Marine par un temps orageux.

A la plume et lavis de sépia et encre de Chine.

490 — Combat naval.

A la plume et lavis d'encre de Chine,

VERBŒCKHOVEN

491 — Etudes d'animaux.

Cinq dessins à la mine de plomb.

VERONESE (P. CALIARI, dit)

492 — Allégorie. Composition de trois figures.

A la plume et lavis de sépia.

VERNET (H.)

493 — Dames et seigneurs se promenant dans un parc.

Au lavis de bistre, rehaussé de blanc.

494 — Des cadavres de femmes et d'hommes sont étendus les uns sur les autres ; dans le fond, des soldats qui s'éloignent. Allusion politique.

Belle esquisse à la sépia, signée H. V.

VERSCHURING (H.)

495 — Entrée d'un port de mer; sur le devant, personnages et animaux.

Au lavis d'encre de Chine, signé et daté de 1675.

VLIEGER (Simon de)

496 — Etudes de chiens et moutons.

Deux dessins au crayon noir et à la sanguine.

VOLATA (Charles)

497 — Un religieux baise la main d'un ange assis sur un nuage.

Dessin à la sépia.

WATTEAU (Ant.)

498 — Paysage. — Homme vu de dos.

Deux dessins à la sanguine.

WATTEAU (?)

499 — La Pèlerine.

Au crayon noir.

WATTEAU (L.)

500 — Fête de village.

Beau dessin au lavis d'encre de Chine, rehaussé de blanc.

501 — Costume militaire.

WHIRSKER

502 — Garrick — King, représentés en pied dans un de leurs rôles de comédies.

A la gouache, sur vélin.

WILLE (J.-J.)

503 — Entrée du village de Marcoucy — Paysage.

Deux dessins à la plume et lavis d'encre de Chine et de bistre, signés.

WYCK (Th.)

504 — Intérieur d'une chaumière.

Au lavis d'encre de Chine.

ZIEM

505 — Vue de Venise.

Aquarelle.

ZUCCARO

506 — Armoiries avec trophées d'armes et figures allégoriques.
Dessin en forme de frise.

A la plume et lavis de sépia.

Paris. — Imprimerie Pillet et Dumoulin, 5, rue des Grands-Augustins.

9 782014 451214